날개 달린 청진기

날개 달린 청진기

찍은날 2019년 6월 5일
펴낸날 2019년 6월 10일
지은이 박세영
펴낸이 박몽구
펴낸곳 도서출판 시와문화
주 소 (13955) 경기 안양시 동안구 경수대로 883번길 33,
103동 204호(비산동, 꿈에그린아파트)
전 화 (031)452-4992
E-mail poetpak@naver.com
등록번호 제2007-000005호 (2007년 2월 13일)

ISBN 978-89-94833-48-4(03810)

정 가 10,000원

시와문화의 시집 037

날개 달린 청진기

박 세 영 시집

시와문화

■시인의 말

삶의 고통으로부터
예술은 꽃 핀다
질병에서 벗어나
자유로운 희망의 싹이 움틀 때까지
날개를 달고 싶다

아픔으로부터 시작되는 진료
이는 나의 소명이다

이 땅의 모든 숨소리를 듣는다

2019년 초여름
박세영

|차　례|

제2부 날개 달린 청진기

제3부 한라산이여, 내가 왔다

제4부 아내는 집된장 뜨러 가고

제1부
무등산 된비알에

용소를 가다

요나처럼 웅크려 앉아
시를 쓴다
영산강의 시원 용소에서
어머니의 뱃속에서처럼
물소리 듣는다

발원이 된다
누군가의 가슴으로부터
누군가의 가슴을 적시어
낭아초 꽃이 되어
울부짖게 하리

나의 청진이
세상을 향한 시심이
평화로운 젖줄로
혼돈의 늪을 거쳐
고난의 강을 거슬러
회생의 숲에 우후죽순
이르러
더욱 강건할지니

나는 오늘도
용소에 앉아
불철주야 매섭게 날 선
한 줄의 시를 완성할지라

독수정 원림

무등산 무돌길을 돌아 산음동 된비알
흑염소가 운다
삽살개가 눈을 맞추고
촌닭들도 시늉하며 대동 세상 만들어간다
바람마저 몸을 굽힌다
낯설게 그리워지는 우리들의 고향
마을 언저리
구불거리는 시멘트 잔도 끝에
아련한 저 소리
무엇인가 맘 따라 간다
소나무 장병들이 에워싼 병부상서의
독수정 원림
북쪽을 향한 정자의 마루에서
아침마다 송도를 향해 곡을 하며 절을 한다
일편단심, 슬피 우는
아, 나의 아버지
저 산 너머 북녘에 찬바람 일까

노송 숨 바람이 바슬바슬,
맵찬 추위

홀로 선 내 마음을 녹인다
두 나라를 받들 수 없어
벼슬을 버리고 은거한 슬픔이여
카론의 배를 타고 스틱스강을 건널 때
회생의 노를 저어보지도 못하고
바라만 섰는
기구한 운명의 노거수
회화나무 자미나무
끌어안는 바람의 날갯짓
독수정 마루에 엎드려 애환을 달랜다
외로우나 결코
외롭지만은 않은 단련

명옥헌 배롱나무

간지러운가보다
매미 울음 뒤엉킨 꽃망울 터지는 소리

꽃잎에 손끝을 살짝 얹는 순간
배롱나무 감각세포, 정신이 번뜩이고
이파리마다에 미소가 돈다
참지 못해 배꼽 빠진다
졸고 있던 이슬방울 어쩔 줄 몰라
뚝 떨어진다

휘적휘적 타전을 한다 매무새 가다듬어
마음 지피고 활짝 문을 열어
네 숨결 파다히
포개 앉는 그리움 까르르 파안대소

비 갠 오후
물방울들 서둘러 너스레 떤다

가을이 온다
소녀와 소꿉 놀다

찌르르 달아나던 아이
아는지 모르는지
꿈의 소리를 듣고 있는지

붉게 타오르는 들녘에 취한 듯
배롱나무 주위를 빙빙 시를 외고
주렁주렁 가지에 나앉은 녀석들
궁뎅이를 신이대로 건드리니
툭 얼굴이 범벅
얼룩진 손으로 한입에 쏘옥 머금은
붉은 홍시의 추억
비몽사몽 정신이 들고

자미나무 붉은 빛 태양
명옥헌 호수에
툭 쏟아져
웃음꽃이 잘잘잘
배꼽 빠질라
한여름 온통 꽃 천지라
무더위도 한풀 이우는 하루

민주의 문

진눈깨비 날리는 겨울 맵찬 바람
는개 서서히 개인다
곤한 나뭇가지 놀라 눈뜬
하늘 뒤흔드는 격한 한파
소소한 마음 바람 인다
민주의 문 앞에서
굳건히 나부끼는 대동 세상
한 걸음 나아가
애굳은 마음으로 분향을 한다

민중항쟁추모탑 앞에서
흐르는 물결
민주의 문 너머로
강줄기 이어나간다
붉은 장미

아, 청춘의 가슴에
봄이 불타오른다

막잠을 베는 총성에 아스라이

하늘의 별도 움츠려 어둠이 되고
금남로에 울려 퍼진
두 손 붉끈 주먹밥을 쥐어주던 단결
지난한 도회의 명맥
끈끈히 남아 이제야
마른 꽃 한 송이 바친다

오월의 어머니여, 양심이여
암울이여, 피눈물이여
흘러내리라
불살랐던 투혼
한 맺힌 숨결을 보라

꽃이 될지니
어서 피어나 새 생명 움돋을 지니
흐르는 역사의 화폭에
의의 붓 힘차게 그려가리라

짝사랑

순천만 가는 길
청명한 하늘이 발걸음을 재촉하고
구름 인파는 찻길 따라
습지와 갈대로 향하기에 여념 없다
저녁놀 앞에
발갛게 물들어가는 은빛 물결은
바스락거리며 흐느낀다
바람에 날아갈 듯한 갈대
짝지어 날아가는 흑두루미

파티를 연다
연회 초대를 위한 헌팅
짝을 찾는 철새 한 마리가
반짝이는 연안을 가르며
기량을 뽐낸다
날리는 듯 다가오는 물결,
주위를 맴돈다
습지 주변을 껴안은 수로 건너
외로이 떠있는 쪽배, 고동 소리는
심장을 두드리고

연민은 갈대 손끝만 스치고 말았다
휘어질 듯 꺾이지 않은 물염
모진 비바람에도 굳건한 자태의 칠면초
어엿한 둥지를 보았다

노을에 얼굴 붉힌 듯
닿을락 말락 갈대의 손길
람사르 습지 갈대숲에서
반기는 인사, 속삭인다
잘 지냈냐고

발걸음을 옮길 때마다
미소로 답하는
순천만이 되어버린 너
드넓은 사랑으로
몸집 작은
섬서구메뚜기를 품은 습지
날뛰는 짱둥어들과 축제를 벌였구나
애달픈 순천만의 정경

카페 앞 신호등

약속을 향한 기대감을 들고
기다린다
핸드폰 안에서 웃음 띤
맑은 톤으로 주문을 받는다

횡단보도에 서 있는 눈빛
번갈아가며 깜빡일 때
달려야 할 운명을 망각한 채
건너의 카페만을 바라본다
그윽한 향을 뇌로 음미하며
아리송한 주문을 외는데

눈짓을 몇 번이나 하던지

가야 할, 가지 말아야 할
경계선에서 애간장 저미며

까만 들녘의 퇴화된 미추의 골절
으스름날 엉넝방아들 찧으며
놀다 지쳐 돌아올 때

슬픔에 휩싸여 와락 껴안는 누이의
부푼 희망이 으스락 내려앉는 밤
두두둑 내 맘 적시는
물기 어린 신호등
지금도 원색으로 깜박거리는
건너야 할 너에의 또렷한 몫

달맞이꽃

해변의 빈터 가장자리
아무도 없는 후미진 곳
찬바람 불고 어둠뿐이었다지

말 없는 사랑
희미한 달빛 아래
꽃으로 피어났다지
너만을 기다리다 피어났다지

해변의 빈터 가장자리
기댈 곳 없는 후미진 곳
눈바람 차고 낙망뿐이었다지

말 없는 사랑
희미한 달빛 아래
허허바다 피어났다지
너만을 기다리다
밤이면 산지사방 피어났다지

누이만을 바라

어릴 적 술래 잡던 마당 돌담길
보랏빛 내음과 마주하였지
누이 몰래 삐걱대는 사립문
잠자리가 날다 서다 일러주었지

작고 여린 풍금소리 울려주고는
웃음 가득 교실 밖 마중 나왔지
피투성이 얼굴 보고 바짝 놀라서
맞잡고 울음바다 어둠이었지

매미 울던 개울가 그물망 치고
헤엄치던 버들치 잡아 올렸네
찌그러진 냄비 안의 빠릿한 피라미들
햇살과 뒤엉켜 은빛 향을 뽐내네

으스름 달빛 따라 돌아눕는 바람 따라
한적한 골목 끝에 꽁꽁 언 별자리
삐비처럼 소슬히 누이만을 바라
썰매 끌어주길 입김 불며 기다렸었지

무등산 된비알에

손끝을 스치우는 바람이 쌀쌀하다
눈으로 뒤덮인 메마른 가지들을 헤치고,
긴 수염을 자랑하던 강원도 찰옥수수 채마밭도
추위에 숨어 아랑곳없다 찬 기운을 한 겹 두 겹 벗겨
가며
아린 가슴을 활짝 편다
무등산 정상이 한눈에 들어온다

깜깜한 냉기 속으로 외로이 먼저 떠난
소나무 밑 공터에서 옷가지를 태우며
천상으로 올라가는 연기는 그동안 살아왔던
천륜의 무게를 감당하지 못하고
주위를 저공비행하듯 한 바퀴 돌아
영문도 모르는 남매의 얼굴을 쓰다듬고,

소나무 뿌리가 기다랗게 자라나와
흥건한 진흙더미 옆으로 긴 벤치가 되어
감싼다 하염없이 겨울밤처럼 슬피 우는 여인
아버지의 뒷모습을 감추며
아이의 배고파 보채는 눈망울을 가리어 품에 안으니

무등산도 그저 묵묵하다

무성한 억새로 가득한 한여름 된비알
장갑을 끼고 낫과 술병 하나 든 어엿한 청년
어깨너머로 배운 솜씨를 발휘한다
쓰러져가는 덤불과 가시나무 가지들
머리부터 발끝까지 깔끔하다
아무것도 몰라 마냥 뛰놀던 곳

해해마다 잠잠히 둘레를 지키던 무등산
쌓였던 고뇌의 빙설을 털고
하얗게 드러난 서석대 수정병풍, 활짝 웃음을 선사한다
고통스런 추위에서도 희망의 끈을 놓지 않고
피어난 복수초, 노오랗게 손을 내민다
이제 봄이 오나 보다

숨은그림 찾기

여깃다,
어디?

눈을 씻고 다시 본다
안경 쓴 것도 아닌데
시력이 떨어졌나

부스스
방아 찧던 동작 멈추고
촉을 세운 방아깨비

보일 듯 말 듯
카멜레온처럼
자연스레 몸을 숨긴다
부끄럼을 타는가

정의 옆에
욕망을 꿰찬 인간,
부끄러움은 있는가

보일 건 다 보인다
마음의 눈을 뜨자

봄빛 사랑

파아랗게
바람 소리에 눈을 비비며
어린 새싹들이 올라옵니다

노오란 손가락을 내밀며
띠는 연둣빛 미소
활짝 기지개 폅니다

아직은 찬 기운이 주변을 맴돕니다
모진 풍파 헤치며
견뎌야 할 일들이 많습니다

산새가 다가왔습니다
겨우내 굶주렸던 마음 달래고자
사랑을 찾습니다

하늘에서 단비가 내립니다
봄빛 안개 춤을 추며
생명을 불어 넣습니다

입맞춤

반짝이는 플루트 위에
살포시 손을 얹는다

입술과 입술 사이
조그마한 틈새로 보낸 바람은
긴 통로를 거닐다
음표 되어 나온다

동그란 머리와 날개
웃음꽃을 피우며 날갯짓을 한다
저 높은 곳을 향한 외침과
나지막한 뱃고동 소리

쪽빛 바다 물결 같은
맑고 투명한 선율
끊임없는 입맞춤으로
소리에 사랑을 싣는다

소리

걸터앉은 딱따구리
높은 음표로 나무를 쪼고
솔바람에 나부끼는 나무떨기
낮은 음표로 화음을 맞춘다

집중하는 순간
어느덧 정적이 흐르고
모든 소리는
블랙홀로 빨려간다

턴테이블 위에서
느리게 춤추는 음반
나지막이 지지 끓어도
음의 고저는 살아 있다
바닥에 깔린 음
들릴 듯 말 듯

소리의 혼돈 속에
집중하는 관심은
해악한 언어가 난무하여도

소리의 생사를 주무르고

음의 중심을 꿰뚫는다

활을 들었다

중후한 첼로와
날씬한 바이올린이 만났다
고독을 즐기는 첼로에게
톡톡 튀는 바이올린의 속삭임
비올라의 조율로
손을 잡았다

활을 들고 현을 켠다
무언의 동작 속에 나타난
오베론과 티타니아
소리의 물결은
층층이 향수를 자극하고
활시위를 떠난 화살은
3옥타브를 넘나든다
음역의 포로가 된 심장을
철썩 때리는 파도

활에서 연기가 피어오르고
너풀거리는 줄 하나
허공에서 춤을 춘다

숨소리와 눈빛으로
주파수를 맞춘 화음
낭만이 현시대를 가른다
시공을 초월한 음률
침묵을 깬 현란한 연주
멘델스존의 현악 8중주

예술의 전당에서

시계탑 주위를 거니는 비둘기
한가로이 볕을 쬐며 노닌다
벤치에 앉아보기도 하고
내면의 기타 줄을 튕겨가며
클래식에 묻혀간다

부리에 지휘봉을 물고 둥지에서

날개 접고 눈 감는다
사라스테의 지휘로 쾰른 방송교향악단이 들려주는
시벨리우스 교향곡

조국에 대한 사랑을 노래하고
아라벨라 슈타인의 바이올린 현에 닿은 활 놀림에
베토벤과 한마음 되어간다

앙코르 외침 속에
아리랑을 연주하니
숙연하다
장중이 압도되고

우레 같은 박수 쏟아낸다

텅 빈 폐 안으로 밀려드는 공명
악기에 실린 옛 이야기
몸짓과 함께 흐른다
긴 여정의 순간
시위를 떠난 화살이 과녁에 꽂혔다

제2부
날개 달린 청진기

미소를 살려라

댓개비에 살이 붙어
한 겹 두 겹 여리게 펼쳐지는 부챗살
핏기 없는 얼굴에 화색이 돈다

놀라운 미용술로 각을 세운 여신의 기품도
정색을 하고 망가진다
대작의 꿈이 깊다

헛헛한 피하조직 세포 더께를
바이러스와 세균의 침투로 난립이다
어둠의 그림자가 고고한 메이크업의
환한 미소를 야금야금 먹어치운다
칠판에 판서한 다짐을 한 글자씩 빼어물 듯

지울 수 없는 멍울, 언젠가
유년의 소슬한 기운이 여울져 넘치고
마을 어귀 불 밝힌 조등
둑을 지나 기억이 더 산뜻해지는 한밤
어눕고 작은 방에서 미약한 생명 하나가 자라고

진료실로 들어온 순간
세력들은 움찔거리고 납작 가자미 되어
건강한 기포들을 좀먹다 식도에 걸렸다
가늠할 수 없는 치열한 냉전
살얼음지는 바깥세상의 위용에 마음
다급해진다
심상치 않음을 눈치챈 듯

때는 늦었다
사망의 문으로 끌고 가다 덫망에 매였다
어둠의 골짜기를 지나 아케론 강까지
진군하던 병균들, 헛발을 딛고
그물망에 엉기적 몸을 조아려

생명의 파수꾼이 옴막
문진과 이학적 검사
증세 파악에 나서고 판독한다
저들의 소굴로
최첨단 장비로 조여가는 내부 수색 작전

떨고 있는 병원균

항생제와 항바이러스제에 따리가 풀리고
여린 생명들이 풀풀이 흙을 딛고 일어서는 봄
서서히 움 돋아 회생을 하고
세포들이 기운을 차리자
시름시름 접혀있던 주름살이 파도를 탄다
화장기 있는 볼그레한 얼굴
암호명, 미소를 살려라

날개 달린 청진기

얼마나 긴장했던가
청진기를 목에 건 기쁨도 잠시
밤낮으로 잦은 입퇴원 환자
고통은 진료의 시작이다

젊은 청춘의 투혼도 피로가 엄습할 때면
번들거리던 눈꺼풀도 어쩔 수 없다
자투리 시간
잠시 일손을 놓는다

자정을 지나는 시계 바늘
검은 호수의 압력에
온몸으로 저항하고 있는 댐
밤바람은 목을 휘감으며
지친 얼굴에 냉기를 선물한다
바쁜 가운데 짬 낸 여유, 최고의 맛
병동 책상 위에 수북이 쌓여 있는
환자 차트, 검사와 약물 투여를 위한 오더
중증 환자를 담당할 때면
날밤을 지새우고 새벽과 어깨동무

내과 병실 회진을 돌고
복부 초음파 검사와 CT 결과를 판독
이론과 실제의 차이를 가늠한다
확인된 질병에 대한 송곳 질문이
우박 내리듯 동공 안으로 빨려 들어오는
돌직구,
입안에서 어물거리다 뱅뱅 타액이 말라
동결된 언어의 골절
붕붕 청진기가 하늘을 날고
두정골이 파열되는
선잠 든 환영에서조차 얼음장 되어
서릿발 돋는 순간

청진기는 날개를 달고

균열선에 모인 방어 인자들
조각난 슬픔들을 주워 꿰맨다
서서히 녹아내리는
홀로 외로이 어둠의 시간들 속에서

동은 트고

인내의 시간은 찰칵 한 순간에 묻힌다
심신의 고통을 치유하는 사랑의 청진기
어긋난 프레임에 갇힌 삶의 진실을 되찾아
세상의 소리에 귀를 바짝 열어
날개를 단다
희망의 꽃이 필 때까지

서서 걷기는 할까

뉘엿뉘엿 쓰러져가는 햇살
창틈으로 거미손을 내밀 무렵
허리부터 종아리를 거쳐 발끝까지
전기가 흐르는 방사통, 중심을 잃는다
갑자기 발생한 요추 신경뿌리병증,
삼삼오오 짝을 지은 학생들
재잘거리는 소리와 함께 사라진다

척추 MRI 검사 결과 요추의 추간판탈출증
수핵절제술을 위해 수술대에 누워
수술실에서 느끼는 생의 분투
의사로서 남을 치료해 보기도 전에
환자가 되어버린,
누구를 탓하랴
질병 앞에서 무기력한 나

혼돈 속을 헤매다 눈을 뜬다
침대 옆에 기대 선 모니터는
생체 징후를 밤샘하며 감시하고
수액에 매달린 주사선들, 어지러이 널려 있다

몸을 가누기 힘드니
불안과 초조가 엄습한다

수술 후 생리적 현상을 기다리는 것조차
우주를 유영하는 듯
병실 천장에 매달려 세상을 거꾸로 활보하는
애꿎은 미물이라도 보이면
무수히 일어서리라 불끈 되새기곤
무영등 아래에 허적한 몸을 누이어
허영허영 부서져 내리는 울음

이틀이 될지 삼일이 될지
낯선 어둠을 투영하는 하늘의 별
의지와 관계없는
불수의적 근력에 맡겨야 하는 걸
시시 긴기는 할까

가슴부터 허리까지 두를 의료 보조기
옆에 두고 흉곽부터 마음까지 조여온다
걸을 수만 있다면,
아픔을 딛고 일어서야 한다

조기 발견

진료실에 정기적으로 내원하시는 할머니
이야기보따리 푸신다
컴퓨터 모니터에 오르내리는
대기자 명단
색깔별로 눈치다

손자 녀석
잘 먹지도 않고 배만 부르다

학생은 별로 아프지 않은 듯
머리를 긁적거리며
진찰대에 덜렁 눕는다
윗옷을 올리고 무릎은 구부린 채
빨리 진찰이 끝나기를 바라는지
무표정하고 싸늘한 얼굴

불룩한 배를 관찰하는 시진
청진기를 복부에 대고 청진
손으로 배를 눌러보는 촉진
두들겨보는 타진

아뿔싸,
뭔가 심각하다
고정되어 있는 종괴의 느낌

이마에 주름살 하나 더 얹는다
수심이 가득 잠긴 할머니

혈액 검사 기계가 심술부리는 듯
반복하는 검사마다 결과는 같다
백혈구 증다증과 비장 비대가
그토록 심한데
별반 내색 않고
무던히 지내왔다
몹쓸 병이 찾아왔다
병의 치료에 기대를 거는 할머니

질병의 발견은 으뜸
조기 발견이 생명이다

긴장한 눈빛

렌즈를 켜고 바라본다
마우스피스를 지나 어두컴컴한 인후
분홍 빛깔을 뿜어내는 터널 안으로
뻥 뚫린 고속도로
주욱 내려가다 가로막혀 있는 듯
훅, 불어보니
스르륵 열리는 괄약근 자동문
절벽에서 뚝,
낙마한다 깊고 어두운 동굴로
벽에 걸린 수많은 점막 주름들
슬슬 오므렸다 펴며 위산을 떨군다

위저부에 도랑물이 보인다
검사에 방해되는 불순물
흡입과 함께 쭈욱 딸려오자
위점막이 드러난다
드넓은 벌판 위로 흐르는 싸늘한 안개구름
화산이 뿜어낸 가장자리엔
검붉은 혈흔이 여기저기 널브러져
울화를 끓고 지난한 생으로 아파했던 곳이

여기였구나
복병의 원인을 찾아낸다

자장면 소스 같은 검은 혈변으로 안색이 변해
시름거리던, 술로 범벅인 한 젊은 생이
악성은 아닌 양성 궤양으로 드러나
그나마 가슴을 쓸어내리니,

카메라에 붙잡힌 매 순간마다
행여나 놓칠세라
병변을 찾는 긴장한 매의 눈빛이 되어
오늘도 마음 모아 검진에 나선다

건강 검진

수척하다
기운 없어 보이는 할머니
굳은살이 박인 할아버지의 거북손을 의지한 채 내원하셨다
뼈만 남아 더욱 안쓰런 몸체
전날부터 먹지 못했다
일반검진과 상부위장관 내시경 대상이다
암 검진 문진표를 내민다
눈도 귀도 멀다
간호사가 상냥히 따박따박
신뢰의 꽃다발을 담뿍 안겨드린다

신체계측검사를 마치고 흉부 방사선실이다
수십 년간 벽장에 빼곡히 쌓아둔 울혈,
마음의 무게를 훌훌 벗는다
억눌렀던 폐, 풍선처럼 하늘을 날아
꿈에 부푼다
굽은 척추, 탄력있는 젊음의 용수철로 곧추 떠니
흉부 안의 심장과 폐가 안온하다

위내시경 의료기계와 모니터 앞 침대
앙상한 겨울 실가지처럼 얽혀있다
가냘프게 흐르는 오래고 낡은 수맥을 찾아
주사선을 확보한다
간곡한 삶에 대한 성찰과 젊음으로의 회귀

비몽사몽 내시경을 마친 할머니,
꿈이여 생시여
바짝 탄다 오만잔상으로 찌뿌듯한 속내,
검진 결과를 설명해 드리자
얼굴에 희망이 감돈다
반백년을 함께 살다보니
누가 먼저랄 것 없는 동일한 저울추
할머니의 건강이 할아버지의 장수다
진료실을 나서는 두 분의 등 뒤로
태양빛이 환하다

복어 독

응급 사이렌 소리에
뒤척이던 잠에서 눈이 번쩍 뜨인다
식은 땀 흘리며 실려오는 환자
가슴을 쥐며 쓰러진다 마비가 온다
떨어지는 혈압에 쇄골하정맥을 뚫으며
수액을 쏟아 붓고
불규칙한 리듬 발생으로
자동 제세동기의 심박충격, 이어지는
심폐소생술
정상 복귀한 심박수와 생체 징후
한숨 돌린다
복어 독소에 진땀 뺀
응급실 당직의,

뱃속에 담아놓은 독소
평온하기 그지없는 바다에서 붙잡힌
내밀한 마음 속
바다가 무섭다

심장 박동

굴곡진 진피 주름의 세월
칠흑 같은 박쥐가 몰고 온
어둠의 날개 아래
천근만근 억눌린 심계항진,
불규칙한 호흡에 다급한
아버지의 떨리는

그날 밤
심폐소생술 한번 못해 보고
눈물의 심해로 유영하는 소리,
마냥 지켜봐야 했다

요동치던 맥박과 함께 질주하던
적혈구도 끝내 가늠을 못하고
희미한 응급차 사이렌 소리와 함께
동동거렸던 나의 유년

아직도 그 손길을 놓지 못하고

사랑을 남긴 채

비스킷의 달콤한 기억
이불속에서 딱지를 접으며
흥얼거리는 콧노래와 함께
사각사각 리듬을 탄다

문고리에 매달린 서릿발
손은 쩍쩍 달라붙고
양동이 안에선 보글보글
흰 수염이 거꾸로 올라온다

고무대야에 채워진 물
체온을 더하니
물도 웃음도 넘친다

골목길에서 구슬 만지던 손
콧물 훔친 거무튀튀한 손가락
아빠의 따스한 손길에
그을린 자국이 녹아내린다

통행금지 시간을 훌쩍 지나

다급한 울음소리가 적막을 깼다
부스스 눈을 깜박이던 나
영문을 모른 채 깊은 수렁에 빠졌다

한밤중에 홀로 가신 아버지
선진 의료를 그 시절로 보내어
사랑할 수 있을 만큼 사랑하고
최선을 다했으면 좋으련만

회상

어릴 적
머리에 피 흘린 적 있다

이글거리는 하늘
개울가에
밤나무 한 그루
밤송이를 따려고
옆에서 돌멩이를 던지자
찌르르르
매미가 피신한다

높이 솟은 돌
중력의 중심을 찾아
정수리에 앉았다 튕긴다
어느 순간
머리가 띵
눈가에 물 한 방울 주루룩
하지만 아픈 줄 모른다

마냥 물놀이가 즐겁다

빨간 물이
뒷목을 타고 내려오니
동네방네 시끄럽다

그 밤나무에
여문 밤이나 있었을까?
개울에 비친 햇빛 물결 따라
시간 속으로 흐른다

길 위의 추억

뚝딱뚝딱
새 옷이 입혀진다
구불거리는 산길에
수레바퀴 자국 선명하다

게슴츠레한 안개가
주변을 빠져 나가니
탁 트인 계단길이 생겼다

어릴 적
개울가에서 밤송이를 따려다, 울면서
옛길 달린 적 있다
버스 지나가고
흩뿌려진 돌멩이와 흙먼지
엎어진 무릎의 상처
아픔과 함께 길 위의
스쳐 지나는 추억

산길에 찍힌
수많은 발자국은 겹겹이

화석으로 굳어져
층층이
메아리로 들려온다

새로 치장한 산길 옆에서
추억을 담은 채
물끄러미 바라보고 서 있는
소나무 한 그루

지산동 끝방

멀리 가지 않는다
멀리 갈 여력도 없다
동네를 뱅글뱅글
십여 차례 거처를 옮겨
손수 매고 들고 풀어놓은 자잘한 소꿉 세간

몇 세대만이 머무는 곳
분분히 오가는 단조로운 일상
무등산 기슭에 세들어 산다
옹기종기 지나는 좁은 골미로
이웃간에 안부 인사 바쁘다

조그마한 창문 틈새로
어슴푸레 빛살이 끼어든다
낮은 돌담 건넛집 여학생이 볼까봐
부끄러움이 낯을 가린다

대문간 기둥에 매달린 우편함에서
사각 서류 봉투에 든
일일공부 시험지 꺼내어 훑어보면

만화가 먼저 눈길을 잡아
정답맞추기에 숨바꼭질 놀이한다

옥상과 계단을 기웃거리며
새총으로 쏘아 올린 콩알
아이의 뇌리에 아로새겨 각인되는데
한동안 고개를 들지 못했던 나의 누추한
빈곤, 지산동 세모진 끝방

아궁이에 연탄불이 빼꼼히 남아
미각을 돋는
철판위에 각설탕 하나 얹어 놓는다
흰 눈이 녹아내리는 듯한
나의 유년
달콤한 맛을 피우는 다사론 궁기

나지막한 동산에 오르니
널린 수많은 주택들이 보인다
저 멀리 바라뵈는 빌딩에 점찍는다
먼 미래의 내 것인 양

별을 먹다

종일을 속새질이다 허방을 딛거나 뒤뚱거리다 덫에 걸린다 방전된 울음
희망이 점점 가까이 올까, 목덜미를 휘감는 겨울바람

후두를 거친 숨 가쁜
체온이 몽실몽실 뿜어져 바지선 출항하는 듯
골목을 빠져나온 개울가
등교하는 아이들 매무새를 고쳐 예쁜 하루가 간다

도시락을 난로 위에 데우는 날은 그래도 운이 좋았다
모락모락 피어오르는 궁기, 교실 구석지에 고운 손을 녹이며 둥글둥글 떨고 있는 몸의 기관들 학교가 파하고, 내달린다 길목을 차단하는 바리케이드
몸을 숨긴다
포장마차 속의 달콤한 띠기,

국자 안의 누런 설탕,
소다 반 스푼에 속을 끓이며 부푼다
붉은 녹의 베일을 벗는 앙상한 리어카 안의 턴테이블
질펀하다 철판 위로 쏟아져 내린다

굴러 떨어지는 온도에 둥글넓적하게 단단해져가는
꿈, 별을 본딴 모양의 낙관을 쿡 찌른다
마음에 별을 품었다 부스러질까
조심스레 받아들고 침을 발라가며 별을 뗀다

위성을 먹어 치우고도 의기양양하다
희미해져가는 유년의 그리움
때 이른 소소리바람
촐랑거리며 다가섰다가 멀어져간다

머리를 자르다

슥슥 사각사각 잘려나간다
삐죽삐죽 앵돌아진 가슴앓이
먼저 잘린다
번뜩이는 눈 날카로운 귀
쩍 벌린 입
밀림 속 악어의 가위 이빨에
잘려나가는 음울
앙당그린 몸 내던져진다

나른한 오후
눈꺼풀은 허영허영 내려앉고

엉킨 파뿌리 싹둑
응어리진 마음 뚝딱
모난 돌이 정 맞듯
한 묶음 쌓인 장작더미
마음 한 방울 떨어진다
불쏘시개로 쓸까

시원하게 정리된 머릿결

윤기 좌좌 흐르니
마음도 한결 매끄럽다
덩달아 시르죽은 울화

화롯가에서

까만 참숯
발갛게 그을린다
톡톡 툭툭
욕심 떨어진다

춤추는 아지랑이
애간장 태우고
눈물샘 자극하니
첫사랑 흐른다

지나가던 바람은
분홍치마 흔들고
익어가는 숯불에
은근슬쩍 봄이 온다

한 잔에 빠져가는
나르시스
한 잔에 피어나는
그리움

제3부
한라산이여, 내가 왔다

순천만 낙조

갈대축제 음악회가 한창이다
붉은 태양이 하바네라 춤을 춘다
집시 여인 카르멘의 요염한 매혹
팜므 파탈,

나는 자유로운 영혼
사랑은 길들여지지 않아요,

꽃을 던진다 마법의 장미
입에 문

안개나루를 건넌다
갈대밭의 구슬픈 판의 밀랍

삶의 기착지 갯벌에 산란하는
짱뚱어 농게 방아깨비
슬픈 소회를 적는다
겨울잠을 서두르는 잠둥어들
스치는 흑두루미
화답한다

나의 모든 것을 너에게 바친다
시든 장미 집어 들고 돈 호세
뒤란의 막을 내린다

어둑해진 대대포구 갈대 뒤로
여문 등불 하나 걸려 있다

작은 동산에 올라
너만을 기다린다
이르는 곳마다 꽃 핀다

노래하라
이제는 여기로 오라
내게로 오라

두고 온
생의 아름다운 날들의 잉걸불

문유산(文遊山)* 가는 길

순수 낭만을 찾아 길 떠난다
천착한 바람이 궁궐의 분분(紛紛)한 회화나무
이파리를 한 올씩 벗겨나갈 즈음
오락가락한 비,
라떼 마끼야또 향에 넌짓 행복을 머금는다
부슬거리는

노래와 예술의 만남
고산(鼓山) 마을에 들다
소프라노의 고운 음색을 듣는 푸른 여정

가파른 오르막길,
차안 가득 이야기꽃을 담아
흔들리지 않게 조심스럽다
하얀 시멘트로 덮인 외길 끝의 고지엔
첩첩 싸인 구름만 듬성,
기다린다

어디든 나의 힘찬 꿈의 페달을 밟는다
두려움도 잠시,

둘레에 늘어선 야생의 꽃들, 관중이 된다 환호의 소리,
뒤란의 굴곡진 미로에 안긴, 참참한 불빛, 눈물 글썽하다 사도(思悼)가 운다
들키고 말았던,

사각사각 걷는다 자갈길
소리 없이 깨무는 고독의 옹두리
묵은 된장간장 오가리, 장독대에 숨어
나는 그렇게 희미해져 갔다
오래도록 술래가 되어
너에게로 가는 내밀한 밤

어둠 속의 고양이가 발길을 스친다

고공 행진하는 음의 선율
너를 외면한 아프로디테의 아린 눈물이 그득, 온 산이 붉다
창망히 가을 물든 마르시아 장미의 음표

흔들리지 않게 꽃핀
온전히 밝은
소소한 문유산(文遊山)의 만찬
밤길이 날쌍날쌍하다

화색이 돈다
탄력 있는 술떡의 기억

나의 마음을 삭이어 가는 거란다

*문유산(文遊山) : 순천시 승주읍 도정리 고산마을에 있는 산. 한국가곡기념관이 있다.

와온 청진(聽診)

꿈이 포진할 거라는 낙관은 아니다
마음 휘휘하다
한해의 흉금을 지우러 가는 길이다
가쁘게 활착하는 해면의 뽀글거리는 눈빛
맞물리는 칼바람 돌아눕는다
서서히 준엄한 원동력으로 안착한다

이 미진한 포구에 아린 눈이 내리고
철벅철벅 기운 찬 태양이 눈을 감으면
해거름 바퀴를 굴려
저녁 창이 와닿는 와온의 솔섬
머쓱한 어둠이 칭얼거리며
너의 가슴팍에 둥둥 근접해 있다
맘이 서럽고 간당간당 사랑도 잊혀갈 즈음
흔들거리는 선실

외피를 숨겨 너를 놓았다
덤불에 알을 부리고 사멸하는 섬서구메뚜기
타는 심박동
스산하다는 말, 아직은 막장이라고

누설을 말자 호흡기를 떼어내지 말자
죽음처럼 물살 고요한 습지의 노랑부리저어새

너에게 보낼 차디찬 문장 하나 하늘에 띄워
전개되는 은빛 전언을 듣는다
더딘 걸음으로 촉을 세워
각인되는 겨울 찬 밤, 도사려, 발자국 새기는
온밤을 꾸역꾸역 물살 따라와 우짖는 샛강의 산란
청진을 한다 우리의 끝은 어딜까

아무래도 좋았다
아직 해무가 요원하다고 말하진 않겠다
꽈리 모양의 폐포방
암묵의 휘장을 젖히니
창가에 드리운 혈관들 나뭇가지처럼 얽혀
가슴 뭉치는 윤슬의 조각

씨앗 날리고 꿈에 부푼 칠면초의 서식
이제 하나씩 불이 꺼진다
정적을 부수고

부유물 한 켜씩 떠오르는 불면의 밤,
초조의 더께를 지워 사방으로 난사되는
굼뜬 전화벨소리 띠룽띠리릉
속창이 들여다뵈는 휑뎅그렁한 내 맘속의 빈궁

수묵에 깃들다

붓을 든다
눈구름 몰려 있다 살살 발걸음 늦추는 여울에 출랑거리며 고갤 내미는 빛의 춤사위
스며드는 눈빛의 반사
맵찬 눈보라에 길이 어둡다 마음에 이는 회오리바람 총총하다
회색 화선지 깔린 산중을 거닐다
먹물이 사방에 스며드니 까악까악

진눈깨비로 날리는 군무
서슬 퍼런 겨울 감나무
둥지를 내어놓고
식솔을 거둔다

삭풍에 가슴 에이고

부지런히 쪼아댄다
낭창거리는 가지

먹을 간다

눈구름이 몰려온다 진한 먹물로 휘갈겨 써내려가는
칼바람
백제 이전부터 내밀하게 꿰뚫는 매서움
내장사 처마 끝, 서래봉
척추 신경을 타고 날카롭게 저민다

방사통,
폭설에 눈이 감겨 혼돈의 전투를 벌이고
놓지 못해 사연 깊은
암벽을 둘둘
붓을 놓는 저 아귀다툼
일필휘지(一筆揮之)

내장산 단풍

들머리인 순창군 풍산면에 위치한
대가저수지에서 시작한 산행,
경내 정상의 신선봉을 거쳐 까치봉이다
까치가 날개를 편 형국
북적이는 등산객
대퇴근의 수축과 이완
돌부리에 발끝 채이고
급경사다
활짝 펼쳐진 산그리메
은근,
무엇을 감추었나

바라보면 눈물 뚝뚝
이렇게 불붙어서
시
끌

그리움도 한껏
마주치게 되는 가을 끝물의
능선과 계곡

단풍도 너무 예뻐 보일까봐
스스로 내려앉는
발길 물드는 11월
너를 응원한다

새인 양 날아도 좋으리

꿈속 희망

꿈이 있다
전공이 아닐지라도
소싯적 누구나 꿈을 꾼다
세월이 흘러 뒤늦은 도전
상상도 못했다
긴 수명으로 또 꾸는 꿈

폭우로 망가진 산길
쓰러져가는 노목
자연의 얼굴이 바뀐다
사고와 가치관도 변한다
컴퓨터와 기계가 대신하는 세상
지금껏 안주에서 벗어나
새로움을 창조해야 한다
나태한 습관은 버리고
새 신을 신자

배움의 길은 끝이 없다
반복은 기계가 맡고
창조적 재능을 선보이자

칠흑 같은 어둠 속에
새어 나오는 빛줄기
희망의 등불
순수한 노력으로
자신감을 갖고 서자
못할 게 뭐가 있으랴

꿈은 눈앞에 아른거리고
손으로 닿을 것만 같다
꿈꾸는 동안은 행복하다
곧 다가올 현실인 것처럼
꿈에서 깨어나지 못할지라도
꿈속에 희망이 있다

황룡동굴

굴은 살아있다
무릉원 황룡동굴 입구
캄캄한 곳을 비집고 나아간다
붉은 빛을 띤 안개 속에
고즈넉한 쉼터 나타난다
수억 년을 겹겹이 눌려 흐르는 눈물
널빤지가 된 지층 옆길에
번뜩이는 돌등을 조심스레 지압한다

곧게 뻗은 석순
금방이라도 떨어질 것 같은 종유석
서로 손끝을 닿기까지
오랜 세월이 흘러야 한다
만남을 위해 동굴 속에서
고통의 세월을 견디어 낸 사랑

수많은 계단을 옆구리에 걸친
저수지 위에 떠있는 배들
고요한 밤이 좋아
동굴 속으로 거슬러 올라왔다

물 밑에서 올라온 기암괴석을 돌아
울고 있는 아기고기 위로 지나간다
종유석에 매달린
희로애락의 물방울이 떨어져
동굴 천정과 바닥 사이를 가르는
물길을 만들고 살아난다

다양한 형상에 휘둥그레지며
찬란한 금은 빛 조경을 따라
반짝이는 화석들을 따라
찰나를 거닐고 있는 우리
사진 속에 이야기를 담고
드넓은 어둠 속 바다에서
살아 나왔다

자금성

적색 들닭이 운다
구름 위에서 내려다본
광활하게 펼쳐 있는 명조와 청조의 황제 궁전
수많은 성냥갑으로 겹겹이 펼쳐져 있다

죽기 전에 꼭 봐야 할
세계 역사 유적
1407년 건축이 시작되어
14년 걸렸다
약 팔백 채의 건물과 팔천여 개의 방

황제의 허락 없인
그 누구도 왕래할 수 없는 지역에
거센 비바람과 한파에도 끄떡없을
육중한 자줏빛 성벽과
황금으로 치장한 처마 밑 그림은
유난히 돋보인다

든든한 석재로 공들여 만든
수많은 영혼들의 소리가 들려온다

드넓은 마당을 한참 걷는다
당대의 인물이었다면
자금성을 드나들 수 있는 위치가 되었을까

지혜와 힘이 있어도
타고 난 신분이 아니었다면
개천에서 용 나긴 힘들었겠지
흘러간 시간 속에
화려함을 뒤꼍에 둔 채
여전히 웅장한 자태로 서있다

싱크로나이즈드 스위밍*

요염하게 내민 턱,
환한 미소와 함께 한껏 뽐내며
허리는 꼿꼿이 발끝을 내민다

꽃무늬 원피스를 휘감은 채
두 공작새가 도도하게 걷는다
쌍둥이처럼

겁도 없이 나란히 수영장으로
뛰어든다 둥지 모양의 가두어진 물은
두 공작새를 받쳐준다

부드러운 물결 위에서
물방울을 튕기며 솟아오른다
하늘로 날아가려는 몸짓

공기와 물살을 가르며
부드러우면서도 강렬한 날갯짓은
자연의 저항을 무너뜨린나

음악에 맞춘 현란한 동작
상대방과 함께하는 호흡
내면과 외면의 융합
질서 정연하다

*싱크로나이즈드 스위밍(Synchronized swimming) : 수영장에서 두 명이 음악에 맞추어 리듬체조와 춤을 선보이고 기술과 표현의 아름다움을 겨룸.

상해의 얼굴

이슬이 맺힌다
경제의 거미줄에
방울방울 매달린 빌딩들
히잡을 두르고
구름에 목을 걸었다

키다리 목마 타러
엘리베이터에 오른다
기압차 느껴지는 정상에
창밖은 아직 어색한 듯
베일에 싸여있다
낯선 이방인을 반겨주려면
시간이 필요하리라

청명한 하늘
유람선에 올라 공기 맛본다
어둠이 밀려오는 시각,
빌딩에 점화된 불꽃은
대륙의 물결 위로 피어오른다
파리 센강을 유람하듯

황포 강을 낀 외탄 야경
갑판 위 환호성에
하늘은 한뼘 물러선다

자기부상열차를 타고
고속 성장 중인 상해
보이는 것이 전부가 아니다
보이지 않는
또 다른 개혁을 꿈꾼다

유리잔도

장가계
천문산사 가는 길

도끼로 찍어낸 듯
깎아내린 아스라한 절벽
수백 미터 높이에
불안하게 매달린 유리잔도
하늘 구름이 감싼 비좁은 길
두려움에 떨면서
골목길을 걷는다
좁은 문
수많은 희생을 딛고 걷는 길
끝이 없는 절벽에 매달린 절규
암벽과 유리의 뒤섞임
떠받치는 신음을 보면서

걷는다
신이 내린 절경을

첫걸음

2018년 4월 27일
두 손을 잡았다
남북의 경계, 판문점에서
양 정상의 얼굴에 희망이 피었다
얼어붙은 대동강과 한강에
봄의 물결이 흐른다
전 세계를 향하여
평화의 비둘기가 날개를 폈다
벅찬 감격에
기쁨의 나팔이 울리고
의장대의 행렬에 맞춰 나아간다
한 걸음을 떼기 위해
긴 세월을 기다려야 했다
방명록에 진심을 담고
금강산 일만 이천 봉우리 앞에서
다시 한번 웃는다
백두산과 한라산이 만나
평화와 번영을 심었다
역사적 만남
이제 시작이다

나의 분깃

솟아오르는 열기
무더위 속을 걷는다
뜨거운 사랑의 땀방울
아이스커피 한 잔으로
체온을 붙잡는 그림자
무더위의 시샘을 받는다

어머니 품이 만든 그림자
그늘 되어 기다린다
자연문을 지나 한 단 두 단
쌓아 올린 정을 밟는다
계곡을 따라 흐르는 젖줄은
식도로 흘러 들어가는
무등산의 생명수

밟아도 밟히지 않고
잡아도 잡히지 않는 그림자
나의 분깃
고요한 우주 속을 거니는
작은 별 그림자

눈앞에 서 있다
삶을 다 할 때까지 동행한다
정을 주지 않아도
사랑을 주지 않아도
묵묵히

딱정벌레

뽀얀 안개 속
부슬부슬 봄비 맞으며
오손도손 걷는다
방금 세수한 어여쁜 돌
조심스레 건드려 본다

가파른 절벽에
소나무는 문어발을 내리고
암벽에 매여 있는 쇠줄 따라
기어오르는 딱정벌레
행여나 미끄러질세라
식은땀이 밴다

눈가에 맺힌 빗방울
눈물 되어 흐르고
분출된 땀방울은
빗방울 되어 흐른다

흙 위로 다시 피어나는
빗방울과 땀방울

서로 만나 흙탕물이 되어도
함박웃음 짓고 오른다
안개 넘어 펼쳐질
푸르름 속으로

한라산이여, 내가 왔다

검푸른 여명이 암막을 걷어 올리고
새벽 다섯 시,
맑은 기운 내뿜는다
어설픈
거먹구름 날려 보내자
돈내코 탐방로가 붐빈다

쪽빛 바다와 어우러지는
연초록 나뭇잎과 분홍 철쭉
곤잠 깨어
너울춤을 춘다
뭍에서 날아든 흰 산들바람
마저 잠포록하다

갈색 물결이 수런거리는 윗세오름
오백 장수들
중심을 잡는다
늠름한 자태로 조화롭게
급물살 타는

서로 기다렸다
그날의 겨울 성판악,
살아온 날들의 역정만큼 쌓인 눈의 참회
사방 백색의 맵찬 눈보라가 품세를 허는,
돌계단 난간 잠잠한
폭설의 융단에 희망의 비행운을 그리어
백록담에 닿았다

허옇게 피어난 눈꽃 상고대
꽁꽁 언 손가락
포옹마저도 힘겨웠지만
육각의 결정이 만든 사랑의 고리가
외투의 속살을 뚫으며 쩍쩍 달라붙는
빙산이 된 가슴팍 파고든
타오르는 갈망을 보았다
지하의 마그마가
생명의 반석으로 표출한
용암의 꽃구름

응어리져 있었다

새까맣게 얼어 있는 유리 얼굴에
깊은 고뇌가 포말 이루는

마침내 다가온 조우
꽃단장하고 기다렸다
억눌렀던 마음 바다에 내어
드넓은 생의 들녘을
선홍빛 화폭으로 추량하듯
나의 꿈을
백두산 천지에 드리워도 좋았다

다시 왔다
날 선 남벽의 창과 병풍바위 방패로
태질하는
자신과의 싸움을 이겨내자
때로는 암운이 휘몰아쳐도
굴하지 말자

친구여! 내가 왔다
한라산이 여기 있다

제4부
아내는 집된장 뜨러 가고

아내

흰 연기가 승무 춤사위를 한다
가스 불 위의 철판에 지글거리는 대여섯 개의 호떡
두 손 모아 입김을 불어가며 줄지어 기다린다

기도하는 듯

빨리 가자 보채는 낭군을 외면한 채
기름 위의 동그란 완벽

폭삭하게 대지를 감싼 은행잎이 어서 오라 환호한다
자유로이 춤추며 가만사뿐 내려앉아
한 잎 두 잎 포개져 점점 달구어가는 황홀

해바라기

나를 바라봐

양지바른 곳에 터를 잡고
그림자를 뒤로 한 채
노란 망토 나부끼며
태양을 향해 웃음 짓는다

요염한 미소

햇살만 보내는 태양
몸은 다가오지 않는다

목을 늘여봐도
아쉬움만 커진다

무등산 토끼등에서

정상을 향한 집념의 사나이들
발길도 닿지 않았던 원시림을
꾹꾹 밟으며 지나간다
수만 년 억눌려 가려웠던 곳,

고달픈 등줄기 점차 퇴화해간다
바람재에서 넘어온 외로움마저
쌓이고 쌓여 억겁의 중압감으로

지난날엔, 무등산 중턱 된비알을
쉽사리 오르던 날랜 발길질도
이젠 추억이 되었다

인고의 세월 동안 눌려왔던
가슴을 펴고 싶다
입산 금지의 푯말을 세워 놓고
쉬어가고 싶다
무등의 품에 안기고 싶다

자연과 인간

눈물방울 떨어진다
창문 밖에 서성이는 몇,
박자 따라 소리한다
거리 인파의 잰걸음
빗소리에 묻혀간다
폭포따라 내린 비
안개인 듯 구름인 듯
산기슭 타고 피어오른다
변신하는 날숨의 땀방울
기세등등한 소나기로
한여름에 애원했던 비
이제 그만 오라 한다
배낭에 꿈을 가득 담아
몸뚱이가 불러오니
날씨 뒤틀리길 바라는 심사
하늘에서 내려온 물줄기
멍든 자연에는 생명의 젖줄
때때로 변하는 욕망
마음의 눅눅함을 벗어버리고
공평한 자연에 순응하자

깨를 부수며

피난 온다
소금에 찌든 뽀글이 푸른 배추는
빨간 양념 옷을 찾아
차디찬 부엌과 베란다에 세 들었다
기다리던 색색의 고명들이 마중 나오니
잔칫날보다 더 북적인다
휑하던 집안에 불어온 활기

미니 절구에 불안스럽게 깨알을 붓는다
잘 빠진 목선에 차지 않을 정도로
볼륨감 넘치는 가슴을 감싸안고
작은 방망이로 치대어 본다
잠깐 어긋나면 그 틈박으로
깨 몇 알이 얼씨구 튕긴다

세게 내리치면 안 되갔구나

연속 빻고만 있자하니 무료하다
FM 클래식 흐르는 리듬 따라 내리친다
안단테 모데라토 알레그로

몇 알이 절씨구 또 나가네

한 눈 팔면 안 되갔구나

몸이 부스러져 나간다
빻아지며 내뿜는 고소롬한 향은
코 점막 섬모세포를 간질이고
손끝에 묻힌 깨보숭이 혀에 대니

고놈 참, 깨 맛 죽이네

김장김치에 쓰인 깨고물은
나의 손맛
더부살이다

희망의 꽃

–딸에게

잔잔한 피아노 선율에
고즈넉이 눈 감긴다
눈앞에 아른거리는 꽃
보금자리를 떠나기 전
군대 가듯 짐 싸던 모습
사내 같은 의지가 불타오른다
길을 찾아 나서는 어린 양
드넓은 벌판에서
부딪히고 넘어질지라도
꿈에 더 가까이 다가설 수 있으리라
자신과의 싸움에서 승리하리라

화창한 날엔
꽃향기 담아 전화를 하고
바람 불면
흔들리지 않게 지탱해 주며
비가 오면
우산으로 눈물을 감추고
눈이 오면

눈사람 되어 용기 북돋운다

아름다운 도전에 응원하며 기도한다
그리스도의 은혜가 함께하기를

갈등

발갛게 달궈진 황룡강
시간을 흘려보내니
상감청자 빛 감돌고
논두렁 배불리 채운 물에
발 담근 두루미
제 빛 찾아 학으로 변신한다

사돈지간 어머님 두 분
한 식탁에 앉았다
메기가 탕 속에 엎드린 채
쩍 벌린 하품 한번에
탕 물이 거품 내며 넘실거린다
자연의 품속엔 경계가 없다

한 지붕 아래 다시 만난다
어머니와 처 그리고 나
한 아름 품은 고부간 갈등
품앗이하듯 힘겨울 때 도와주다
궂은 날엔 누에고치에서 실 뽑듯
속가슴에 묻어 놓은 한을

술술 풀어낸다

이야기꽃이 피다 시들면
어느 꽃에 물을 주고
어느 흙을 토닥일까
유유자적 흐르는 황룡강은 알까
외발로 서 있는 두루미도
하늘만 바라보고 솟아오른
늘 푸른 소나무를 부러워하네

화해

투명한 액자
미소 지은 사진 바라본다

맞은편 진료실 창밖
애잔하게 흔들리는 나뭇가지

액자 안에도 바람이 부나
사진 속 얼굴 쌀쌀하다

강 건너 불어온 갈등은
유리 창틀 사이로
허리 굽혀 들어왔다

액자 안의 나뭇잎은
여전히 떨고 있다

냉기를 싣고 들어온
가슴 저미는 심경

웃는 얼굴로 스며들자

바람 따라 흔들린다

이윽고 바람 멎으니
모두 잠잠하다

네모 상자 안의 방

달린다
아무리 달려도 제자리
발이 안 보인다
쳇바퀴가 잘도 돈다

쳐다본다
큰 눈망울로
봐도 봐도
놀라지 않는 햄스터

조그마한 네모 상자
몸 크기만 한 방
어두운 곳이 좋나 보다
휴식을 취하기엔

달달달
무엇인가 긁는 소리
쉴 틈 없이 몸을 놀린다
노력이 가상하다

균형을 잡고 집중한다
쳇바퀴를 돌리며
새로운 상상을 할 것이다
언젠가는 비상하리라고

바람에도

무거워진다
어서 오라 손짓하는 무등산
신바람 나게 달린다
울긋불긋 양산 쓴
봄꽃들이 마중 나왔다
발걸음이 가볍다

잠잠하던 바람이 거세다
폭풍우에 떠밀려가듯
흔들리는 나비떼
꽃 속에 파묻힌다
여린 연둣빛 풀잎은
바스스 떨고
새둥우리 속의 산새들
주둥이만 내민 채 지저귄다

세찬 바람의 등쌀에
돌길 위로 널브러진 솔방울
잘려나간 바람난 나뭇가지
쓰러진 고목 옆에서도

새 생명이 돋는다
거친 회오리바람에도
부여잡은
생명의 끈

슬픔

소사나무 분재가
웃음을 띤다

이건 자연산이야
자연산 아닌 것도 있나?
맞아,

걱정이 앞선다

양지바른 집 베란다
뙤약볕에
용케 잘 견딘다 싶었다
무관심했던 며칠
시름거린다
한눈 판 사이 야윈 뼈만 남았다

희망은 없는 것인가
발 빠른 대처에도 기척이 없다

잘 키워보라는 당부의 말

난망하다

질병이 있으면
원인에 대한 치료가 있거늘
나무의 숨결을
제대로 가늠하지 못했다
시들어간다 한탄스럽다

소확행

마을 음악회가 한창이다
나무 끝에 달랑거리는 가을
빈손으로 보내기 아쉬워
한마음 되었다
향토 막걸리와 정이 듬뿍한 음식을
맛보며 잠시나마 즐긴다
어르신들 무대에 갈채를 보내며
제법, 어머니를 등에 업으니,

두메산골에 시집 오셨다
어릴 적 흙도 닿지 않았던 손
논밭 일에 누에고치 실 뽑고
편물기로 옷감을 짰던

의지가지없던 도회의 쓸쓸한 전전
갑작스런 아버지의 비보에
밑천 없이 고군분투

가슴은 여지껏 따스했다
아들의 등에 업혀 있던

아가페적 사랑은
되레 자식의 앞날을 짊어지셨다

가을이 싣고 온
빨갛게 익어가는 사랑
나는 울울창창 철이 들었다

어머니의 산수연

이제야 내리는 하늘 편지
살살 야윈 뿌리 위로
말라버린 손가지 위로
겹겹이 눈 얹어간다

풍파에 좀먹은 상처
어린 눈물 닦아
우윳빛 새살 돋는
마침내 하얀 한복 갈아입는다

그리움에 젖어
흰 모자, 깃털 같은 목도리

맨손으로 나이테를 여든 번 감아
장독 깊이 곰삭은 된장 같은
구수한 사랑, 그대 향한 발걸음
학의 날개 되어

이젠,
쪽빛 바다

따스한 바람, 품어
갓 핀 하늘꽃구름 속에
긴한 행복 꾸려간다

아내는 집된장 뜨러 가고

1

지푸라기와의 접균, 흰 고초균이 메주의 외벽을 옴막 감싸, 건조해지면서 서서히 안쪽으로 습기를 가두어 해맑은 꽃을 피워낸다 명치에 박힌 울화, 고만고만하다 구들방에 포개어진다

아버지의 목침처럼 단단하다

독의 소독을 끝낸다 내시경으로 들여다 본 깜깜한 생의 안쪽, 신방은 유려했다

가마솥에 백태, 쥐의 눈을 닮은 쥐눈이콩으로 약된장을 만든다 찬바람에 휘는 장불, 깐깐하다 탱탱한 외피 근육이 보글보글 뭉그러질 때까지 끈끈하게 삶아 극진히 뜸 들이는 시간, 능글거린다 군침 돋는 초겨울의 주전부리 익어간다 볏가리 움막에 꿈을 숨기고 우리들의 예쁜 마음을 달구어갔다

절구통 안에서 짓이겨지는 울울, 제 몸의 수위, 각을 높여 온선한 세상을 타진한다 우묵하게 아랫목에 하얀 까치수염 머금었으리라

새끼줄에 나포되어 대청마루 시렁에 대롱대롱 매달리기까지 지난한 과오, 무수한 기억을 부순다 희노란 황국균의 서식으로 배양한 명징한 산후 따뜻 융숭하다

찍찍 갈라진 거죽 피부, 소금물에 달걀을 띄운다 메주를 앉히고 붉은 고추와 검은 숯을 띄워 합방한다 둘레에 금줄을 치고 해 뜨면 장독 뚜껑 열어, 비오는 날엔 닫기를 두어 달

종종거리며 나는 그렇게 철들어갔다 옹골진 그리움의 짠맛,

찹쌀 죽을 더해 비로소 숙성 발효 되는 일이란

2

옥상 난간 돌계단에 기대어 세상을 향해 장전한 유년의 과녁, 전두골에 각인되고 여울에 내던진 돌멩이 푸른 하늘을 날아 내게로 두정골을 맞혔다 두피 출혈

일손을 멈춰 부리나케 달려 나온 어머니의 손에 들린 한 움큼 된장덩이

그제서야 서러워 울음 울던 아이

3

아내는 집된장 뜨러 가고
녹취를 한다
어머니의 비법,

무청 잎싹은 그늘에 잘 말려, 시푸런 것을
몰랑몰랑 그윽히 삶아 잘강잘강 썰어서
된장과 버무려 간을 맞추고 디포리 육수에
생 들깨 갈아 알싸한 청양홍고추 뚝딱 고명으로 얹어
무청 실가리 된장국을 한소끔 푹 끓인다
모락모락 지극정성 차린 식탁

아버지의 자리가
빈
나

탄생

고목나무의 몸
잔가지 여기 저기
여린 연둣빛 새순이
새록새록 나온다

이파리들을 한순간 떨구며
눈물 지우던 날
회생의 기미가
오지 않을 것 같았다
간신히 살아있는 듯한
가지들을 전지하며
너와의 운명이 여기까지구나
탄식했던 때

우연한 정보로 얻는
요긴한 민간의 요료법
나무의 회생에 묘수일 줄이야

손가락이 나온다
희망의 손짓

■해설

자연의 섭리를 담은 인술과 시

박 몽 구
(시인 · 문학평론가)

박세영 시인은 인술을 베풀면서 줄곧 광주를 지켜온 사람이다. 내과의로서 첨단의 과학을 체득하고 있는 사람이지만, 의외에도 시작에 임하는 태도에 있어서는 자연을 반려로 삼아 사유를 펼쳐 나가고 있는 게 돋보인다. 자연은 인간에게 풍부한 삶의 터전을 제공해 주는 존재이면서, 넉넉한 휴식의 공간이기도 하다. 따라서 자연은 메마른 심성에 활력을 불어넣는 서정적 기법의 원천이 되어 왔다.

하지만 박세영의 경우 자연은 인간의 맺힌 마음을 풀어주는 풍부한 서정의 대상이거나 휴식의 마당이기보다, 바른 삶의 도리를 알려주는 가늠자로서 실정되어 있는 걸 볼 수 있다. 인간에게 넉넉한 번영과 함께 편리함을 안겨준 문명을 떠나 자연에서 사람살이의 올바른 길을 읽어내는 전략을 취하고 있다.

자연에서 읽는 삶의 비밀

실은 근대 서정시의 비조로 알려져 있는 워즈워드의 경우에도, 산업혁명의 여파에 따른 기계 문명, 도시화 현상을 시의 소재로 삼기보다 자연과 식생을 즐겨 소재로 택하였다. 그에게 자연은 단순히 순화된 감정의 발로가 아닌, 왕권과 신권 등 왜곡된 권력을 바로잡고 삶의 철리를 일러주는 바로미터였다. 근대의 개인들은 신들이나 위대성을 찬미하고 영웅들의 행적을 서사적으로 담아내는 데 더 이상 흥미를 느끼지 못하면서, 개인의 눈으로 보고 개인의 마음으로 걸러진 세계관을 담는 데 몰두하게 되었다. 그 결과 탄생된 것이 장르로서의 서정시이다. 그런 점에서 서정시 하면 흔히 연상되는 감상(感傷)이나 우울한 정서, 부드러운 시어 등의 고정관념을 불식시킬 필요가 있다. 나아가 자연은 인간에게 무엇보다도 멀리 보는 눈을 가진 교사였던 셈이다.

요나처럼 웅크려 앉아
시를 쓴다
영산강의 시원 용소에서
어머니의 뱃속에서처럼
물소리 듣는다

발원이 된다
누군가의 가슴으로부터
누군가의 가슴을 적시어
낭아초 꽃이 되어
울부짖게 하리

나의 청진이
세상을 향한 시심이
평화로운 젖줄로
혼돈의 늪을 거쳐
고난의 강을 거슬러
회생의 숲에 우후죽순
이르러
더욱 강건할지니

나는 오늘도
용소에 앉아
불철주야 매섭게 날 선
한 줄의 시를 완성할지라

―「용소를 가다」 전문

이 시집의 모두에 제시된 작품이다. 시인은 영산강의 발원지 '용소'와 자신의 시를 향한 발분을 연계시키고 있다. 첫 대목에서 '요나처럼 웅크려 앉아/ 시를 쓴다/ 영산강의 시원 용소에서/ 어머니의 뱃속에서처럼/ 물소리 듣는다'라고 언술함으로써, 용소에서 발원한 물줄기가 거대한 영산강을 이루듯 그의 시도 무릇 사람들의 심금을 크게 울리기를 발원하고 있다. 나아가 '나의 청진이/ 세상을 향한 시심이/ … / 혼돈의 늪을 거쳐/ 고난의 강을 거슬러/ 회생의 숲에' 이르러야 한다고 힘주어 말한다. 이를 통해 시인은 자신의 생업과 시업이 개인적 성취를 넘어 어려움에 처한 세계를 회생시키는 경지에 이르기를 염원하고 있다. 용소라는 제유(提喩)를 통하여 자연의 넉넉한 품을 환기시키는 한편, 그 같은 자연의 철리를 따르는 것이 곧 사람살이의 바른 길이라는 사유를 담지하고 있는 셈이다.

박세영의 시 속에 등장하는 자연은 어지러운 현실을 피한 은거나 무위자연(無爲自然) 정서로서의 그것이라기보다 흐트러진 일상에 적극적으로 개입하고 바른 길을 제시하는 좌표이다.

해변의 빈터 가장자리
아무도 없는 후미진 곳
찬바람 불고 어둠뿐이었다지

말 없는 사랑
희미한 달빛 아래
꽃으로 피어났다지
너만을 기다리다 피어났다지

해변의 빈터 가장자리
기댈 곳 없는 후미진 곳

눈바람 차고 낙망뿐이었다지

말 없는 사랑
희미한 달빛 아래
허허바다 피어났다지
너만을 기다리다
밤이면 산지사방 피어났다지

–「달맞이꽃」 전문

모든 사상이 드러나지 않는 밤에 홀로 맑은 향기를 건네는 '달맞이꽃'을 소재로 한 시이다. 화자는 '말 없는 사랑/ 희미한 달빛 아래/ 꽃으로 피어났다'고 말한다. 이것은 단순히 달맞이꽃에 대한 묘사를 넘어, 인간다운 삶은 남이 모르는 곳에서 홀로 이타행을 실천함으로써 꽃으로 결과한다는 알레고리에 다름 아니다. 즉 '말 없는 사랑'은 에로스를 넘어 아가페적인 이웃사랑을 가리키는 말일 것이며, 그것이야말로 참다운 삶의 의미를 맺게 해주는 것이라는 사유를 담지하고 있다. 그런 점에서 '해변의 빈터 가장자리', '기댈 곳 없는 후미진 곳', '눈바람 차고 낙망뿐'인 자리는 모름지기 살아 있는 정신을 가진 자들이 거처해야 할 자리의 환유일 것이다.

부스스
방아 찧던 동작 멈추고

촉을 세운 방아깨비

보일 듯 말 듯
카멜레온처럼
자연스레 몸을 숨긴다
부끄럼을 타는가

정의 옆에
욕망을 꿰찬 인간,
부끄러움은 있는가

보일 건 다 보인다
마음의 눈을 뜨자

—「숨은그림 찾기」 부분

턴테이블 위에서
느리게 춤추는 음반
나지막이 지지 끓어도
음의 고저는 살아 있다
바닥에 깔린 음
들릴 듯 말 듯

소리의 혼돈 속에
집중하는 관심은
해악한 언어가 난무하여도
소리의 생사를 주무르고
음의 중심을 꿰뚫는다

—「소리」 부분

앞의 시에서는 '방아깨비'의 조용한 자족의 삶을 들여다보면서 사람살이에서 놓치고 있는 비밀을 환기시키고 있다. 화자는 방아깨비의 생태를 '부스스/ 방아 찧던 동작 멈추고/ 촉을 세운 방아깨비// 보일 듯 말 듯/ 카멜레온처럼/ 자연스레 몸을 숨긴다'고 묘사하고 있다. '방아'라는 상징어와 '몸을 숨긴다'는 구절의 연결을 통해 자족하는 삶을 꾸려가면서 남 앞에 드러내지 않는 미덕을 읽어내고 있다. 나아가 '정의 옆에/ 욕망을 꿰찬 인간,/ 부끄러움은 있는가// 보일 건 다 보인다'라는 언술을 통해 자기 앞의 생밖에 챙길 줄 모르는 인간의 욕망을 대비시키고 있다. 화자는 결구에서 '마음의 눈을 뜨자'고 일갈함으로써 중요한 것은 물질을 넘어 이웃과 함께 하는 공동선의 추구야말로 참다운 삶의 길이라는 사유를 함축하고 있다. 자신 앞에만 쌓는 물질 앞에서 부끄러울 줄 알아야 한다고 일침을 놓고 있는 셈이다.

뒤에 든 시는 딱히 자연을 소재로 삼은 건 아니지만 턴테이블에 올려놓고 듣는 잡음이 성성한 음악을 통해 느림의 미학을 구현하고 있다. 화자는 '턴테이블 위에서/ 느리게 춤추는 음반/ 나지막이 지지 끓어도/ 음의 고저는 살아 있다'고 언술함으로써, 느리고 때로는 잡음도 심심찮게 섞인 LP 음반으로 듣는 소리야말로 인간다운 것이라고 말한다. 이 같은 아날로그 정서는 느림을 넘어 주위를 돌아보게 하고 사람살이의 본질이

뭔지 생각하게 해준다는 점에서 자연이 주는 메시지와 어깨를 나란히 하고 있다고 볼 수 있다. 화자는 결구를 통해 '해악한 언어가 난무하여도/ 소리의 생사를 주무르고/ 음의 중심을 꿰뚫는다'고 말함으로써 그 같은 느림의 미학, 함께 하는 정서야말로 삶의 본질이라는 점을 주시하게 만든다.

박세영은 눈을 돌리기에도 벅차게 바쁘게 돌아가는 시대에 이처럼 순리에 따라 꽃이 피고 지는 자연과, 저잣거리의 소란스러움을 고스란히 담은 아날로그적 정서에 시의 중심을 두고 있다. 단순한 자연 찬미나 무위자연의 정서에 침윤하는 데서 벗어나 인간다운 삶의 길을 집요하게 견인해 내고 있는 점에서 새로운 영역을 열어 나가려는 몸부림이 절실하게 읽힌다.

사람을 살리는 인술과 시

이번 시집에서 박세영이 집요하게 관심을 기울이고 있는 것은 인술(仁術)과 시를 접목한 일련의 작품들이다. 그는 다년간 내과 전문의로서 인술을 베풀어왔고, 그를 통해서 삶의 바른 길을 모색해 오는 한편 시적 사유를 견인해 왔음을 이번 시집을 통해 절실하게 보여주고 있다.

자정을 지나는 시계 바늘
검은 호수의 압력에

온몸으로 저항하고 있는 댐
밤바람은 목을 휘감으며
지친 얼굴에 냉기를 선물한다
바쁜 가운데 짬 낸 여유, 최고의 맛
병동 책상 위에 수북이 쌓여 있는
환자 차트, 검사와 약물 투여를 위한 오더
중증 환자를 담당할 때면
날밤을 지새우고 새벽과 어깨동무

내과 병실 회진을 돌고
복부 초음파 검사와 CT 결과를 판독
이론과 실제의 차이를 가늠한다
확인된 질병에 대한 송곳 질문이
우박 내리듯 동공 안으로 빨려 들어오는
돌직구,
입안에서 어물거리다 뱅뱅 타액이 말라
동결된 언어의 골절
붕붕 청진기가 하늘을 날고
두정골이 파열되는
선잠 든 환영에서조차 얼음장 되어
서릿발 돋는 순간

청진기는 날개를 달고

균열선에 모인 방어 인자들
조각난 슬픔들을 주워 꿰맨다
서서히 녹아내리는
홀로 외로이 어둠의 시간들 속에서

동은 트고

인내의 시간은 찰칵 한 순간에 묻힌다
심신의 고통을 치유하는 사랑의 청진기
어긋난 프레임에 갇힌 삶의 진실을 되찾아
세상의 소리에 귀를 바짝 열어
날개를 단다
희망의 꽃이 필 때까지

—「날개 달린 청진기」 부분

시인이 몸담고 있는 현실을 시적 공간으로 삼은 작품이다. 제목부터 '날개'와 '청진기'를 은유의 고리로 연결해 놓음으로써 어렵고 힘든 사람들을 본래의 건강하고 아름다운 모습으로 되돌려놓고 싶은 마음을 절실하게 담고 있다. 작품 내용에서 시인의 삶을 르포르타주 하듯 잘 담아내고 있는 걸 살펴볼 수 있다. '자정을 지나는 시계 바늘/ 검은 호수의 압력에/ 온몸으로 저항하고 있는 댐/ 밤바람은 목을 휘감으며/ 지친 얼굴에 냉기를 선물한다/ 바쁜 가운데 짬 낸 여유, 최고의 맛'이라는 대목은 일반인들과는 정반대로 밤이 가장 활발하게 움직이는 시간인 시인의 일상을 생동감 있게 담고 있다. '검은 호수의 압력'과 '댐'의 대비를 통해 미약한 인간의 힘으로 거대한 질병을 막아야 하는 현실을 환기하는 한편, 달콤함이라고는 티끌도 묻어 있지 않은 '밤바람' 한 줄기로 인술을 베푸는 다망한 시간 가운데 누리는 휴식이 얼마나 값진 것인지 말하고 있다. 결구에서 시인은 '심신의 고통을 치유하는 사랑의 청진기/ 어긋난 프레임에 갇힌 삶의 진실을 되찾아/ 세상의 소리에 귀를 바짝 열어/ 날개를 단다'고 언술하고 있다. 어려운 의료 현실 속에서 인간 사랑의 정신을 담은 청진기만이 출구를 열 수 있다는 사유를 담지하고 있다. '날개'는 결국 한계가 분명한 의술이나 자본을 넘어, 병든 사회로부터 인간을 살리는 길은 분명히 존재한다는 시인의 내면적 확신을 담은 상징어이다. 그것이 곧 어둡고 병마로 시달리는 사회를 제자리로 돌려놓는 '희망의 꽃'임을 시인은 확신하고 있다.

응급 사이렌 소리에
뒤척이던 잠에서 눈이 번쩍 뜨인다
식은 땀 흘리며 실려오는 환자
가슴을 쥐며 쓰러진다 마비가 온다
떨어지는 혈압에 쇄골하정맥을 뚫으며
수액을 쏟아 붓고
불규칙한 리듬 발생으로
자동 제세동기의 심박충격, 이어지는
심폐소생술
정상 복귀한 심박수와 생체 징후
한숨 놀린다
복어 독소에 진땀 뺀
응급실 당직의,

뱃속에 담아놓은 독소
평온하기 그지없는 바다에서 붙잡힌
내밀한 마음 속
바다가 무섭다

-「복어 독」 전문

내과 전문의로서 지켜본 응급실 풍경을 실감 있게 그려낸 작품이다. '불규칙한 리듬 발생으로/ 자동 제세동기의 심박충격, 이어지는/ 심폐소생술/ 정상 복귀한 심박수와 생체 징후/ 한숨 돌린다'는 삶과 죽음의 경계에서 진땀을 빼며 생명 현상을 지키기 위한 노력을 잘 보여준다. 이 시에서 주목이 가는 대목은 급박하게 돌아가는 응급실 풍경이 아니라 '독소를 품은 복어'와 '내밀한 마음 속 바다'이다. 약육강식의 논리가 지배하는 바다에서 복어는 귀한 목숨을 지키기 위하여 뱃속에 독을 품고 살아갈 것이다. 화자는 그 같은 복어를 보면서, 무협의 세계 이상으로 경쟁과 배제의 논리가 인간의 세계 역시 복어처럼 독을 품고 살아가지 않으면 안 되는 곳임을 묵시하고 있다. 따라서 '평온하기 그지없는 바다에서 붙잡힌' 복어를 환유로 하여, 모름지기 사람살이에서는 제 눈앞의 이익에 눈 멀지 말고 함께 살아가야 한다는 사유를 이끌어내고 있다. 복어가 독을 안고 살아가는 걸 보면서, 삶의 바다를 부유하는 인간만큼은 그 같은 독을 버릴 때 비로소 평화와 상생의 공간이 열린다는 사유를 환기시키는 시이다.

통행금지 시간을 훌쩍 지나
다급한 울음소리가 적막을 깬다
부스스 눈을 깜박이던 나
영문을 모른 채 깊은 수렁에 빠졌다

한밤중에 홀로 가신 아버지
선진 의료를 그 시절로 보내어
사랑할 수 있을 만큼 사랑하고
최선을 다했으면 좋으련만

–「사랑을 남긴 채」 부분

때는 늦었다
사망의 문으로 끌고 가다 덫망에 매였다
어둠의 골짜기를 지나 아케론 강까지
진군하던 병균들, 헛발을 딛고
그물망에 엉기적 몸을 조아려

생명의 파수꾼이 옴막
문진과 이학적 검사
증세 파악에 나서고 판독한다
저들의 소굴로
최첨단 장비로 조여 가는 내부수색작전

떨고 있는 병원균

항생제와 항바이러스제에 똬리가 풀리고

여린 생명들이 풀풀이 흙을 딛고 일어서는 봄
서서히 움 돋아 회생을 하고
세포들이 기운을 차리자
시름시름 접혀있던 주름살이 파도를 탄다
화장기 있는 볼그레한 얼굴
암호명, 미소를 살려라

–「미소를 살려라」 부분

앞에 든 작품은 한밤중에 심정지를 일으킨 아버지를 나이 어린 아들로서 어쩌지 못한 채 보내야 했던 아픈 사연을 소재로 하고 있다. 시 속에서 의사인 화자가 '한밤중에 홀로 가신 아버지/ 선진 의료를 그 시절로 보내어/ 사랑할 수 있을 만큼 사랑하고/ 최선을 다했으면 좋으련만' 하고 술회하는 대목은, 인간의 한계에 대한 겸허한 성찰과 함께 서로 벽을 허물고 사랑하는 것만이 가장 좋은 치료라는 인식을 담고 있다.

뒤의 시 역시 급박한 질환을 앓고 있는 환자를 앞에 하고 인술을 펼쳐가는 과정이 선명하게 그려지는 작품이다. 화자가 '때는 늦었다/ 사망의 문으로 끌고 가다 덫망에 매였다' 라고 술회하는 대목은 '사망의 문' 으로 가는 길을 막고 있는 의사로서의 소명감을 드러낸다. 나아가 '저들의 소굴로/ 최첨단 장비로 조여 가는 내 부수색작전// 떨고 있는 병원균// 항생제와 항바이러스제에 똬리가 풀리고/ 여린 생명들이 풀풀이 흙을 딛고 일어서는 봄' 에 이르러서는 최첨단 약제를 풀어서

라도 여린 생명들을 죽음의 경계 밖으로 데려오려고 온힘을 다하는 의사로서의 삶을 실감있게 그려내고 있다. 화자는 결구에서 '세포들이 서서히 기운을 차리자 / 시름시름 접혀있던 주름살이 파도를 탄다/ 화장기 있는 볼그레한 얼굴/ 암호명, 미소를 살려라' 라고 언술하고 있는데, 인술의 최종 목표는 병균 퇴치를 넘어 인간다운 밝은 미소를 되살리는 데 있다는 인식을 설득력 있게 담아내고 있다.

나그네 행에서 얻은 생각들

박세영이 이번 시집에서 천착하고 있는 시적 사유 가운데 하나는 길 떠남의 미학이다. 길을 떠난다고 말한 것은 단순히 여행으로서의 의미를 넘어, 자신의 삶에 대한 뿌리로부터의 반성과 함께 새롭게 정신의 거처를 찾는 몸부림이 담겨 있기 때문이다. 떠난다는 것은 이제껏 자신이 쌓아온 것과 등을 돌리는 행위이며, 겉으로 화려한 거푸집을 버리고 보다 새롭고 단단한 정신의 성채를 밑바닥부터 쌓아올려 간다는 것을 의미한다. 박세영은 오체투지하듯 도시인의 삶을 버리고 낮고 불편한 데서 그만의 가치관을 찾으려 절치부심하는 모습을 보이고 있다.

이 미진한 포구에 아린 눈이 내리고
철벅철벅 기운 찬 태양이 눈을 감으면

해거름 바퀴를 굴려 저녁 창이 와닿는 와온의 솔섬
머쓱한 어둠이 칭얼거리며 너의 가슴팍에 둥둥 근접해 있다
맘이 서럽고 간당간당 사랑도 잊혀갈 즈음
흔들거리는 선실

외피를 숨겨 너를 놓았다
덤불에 알을 부리고 사멸하는 섬서구메뚜기
타는 심박동
스산하다는 말, 아직은 막장이라고
누설을 말자 호흡기를 떼어내지 말자
죽음처럼 물살 고요한 습지의 노랑부리저어새

너에게 보낼 차디찬 문장 하나 하늘에 띄워
전개되는 은빛 전언을 듣는다 더딘 걸음으로 촉을 세워
각인되는 겨울 찬 밤, 도사려, 발자국 새기는
온밤을 꾸역꾸역 물살 따라와 우짖는 샛강의 산란
청진을 한다 우리의 끝은 어딜까

–「와온 청진(聽診)」 부분

순천만의 끝자락에 자리 잡은 와온 바다를 제재로 삼은 작품이다. 와온 바다는 칠게, 장뚱어 들이 도란도란 모여 사는 포구인데, 저물녘 만조 때면 바다 속까지 따스하게 비치는 노을이 일품인 곳이다. 특히 이곳은 수평선 너머로 해가 꼴깍 넘어간 다음에도 오랫동안 따스한 저녁놀이 타는 절경을 자랑하는데, 그 배경에는 곡고산, 앵무산 낮은 산들이 첩첩하게 엎드려 저녁

바다를 들어올리기 때문이다. 화자는 '이 미진한 포구에 아린 눈이 내리고/ 철벅철벅 기운 찬 태양이 눈을 감으면/ 해거름 바퀴를 굴려 저녁 창이 와닿는 와온' 이라는 이미저리를 제시하고 있다. 이를 통해 태양 아래서 식생들이 생동하는 여타의 지역과는 달리 해거름에 이르러 '태양이 눈을 감으면 … 저녁 창이' 비로소 활짝 열리는 아이러니를 제시하고 있다. 나아가 화자는 '스산하다는 말, 아직은 막장이라고/ 누설을 말자 호흡기를 떼어내지 말자/ 죽음처럼 물살 고요한 습지의 노랑부리저어새// 너에게 보낼 차디찬 문장 하나 하늘에 띄워/ 전개되는 은빛 전언을 듣는다' 라고 언술함으로써, 밤이 곧 죽음이라는 등식을 넘어 노랑부리저어새가 활짝 날개를 펴는 시간이라고 힘주어 말하고 있다. 여기서 노랑부리저어새는 신난을 거뜬하게 희망으로 바꾸며 살아가는 무릇 생명체의 제유이다.

즉 낮과 밤을 가꾸어 깊고 푸른 아름다움을 빛내는 와온을 통해 사람살이의 철리도, 화려함을 넘어 어려움을 묵묵히 이기며 가는 것이야말로 참다운 길이라는 사유를 펼치고 있는 셈이다. 화자는 그런 와온에서 청진(聽診), 자연의 박동을 들으며 가난한 자, 약자를 온몸을 다해 구하는 것이 의사로서의 사명임을 홀로 되새기고 있는 셈이다.

굴은 살아있다

무릉원 황룡동굴 입구
캄캄한 곳을 비집고 나아간다
붉은 빛을 띤 안개 속에
고즈넉한 쉼터 나타난다
수억 년을 겹겹이 눌려 흐르는 눈물
널빤지가 된 지층 옆길에
번뜩이는 돌등을 조심스레 지압한다

곧게 뻗은 석순
금방이라도 떨어질 것 같은 종유석
서로 손끝을 닿기까지
오랜 세월이 흘러야 한다
만남을 위해 동굴 속에서
고통의 세월을 견디어 낸 사랑

–「황룡동굴」 부분

들머리인 순창군 풍산면에 위치한
대가저수지에서 시작한 산행,
경내 정상의 신선봉을 거쳐 까치봉이다
까치가 날개를 편 형국
북적이는 등산객
대퇴근의 수축과 이완
돌부리에 발끝 채이고
급경사다
활짝 펼쳐진 산그리메
은근,
무엇을 감추었나

바라보면 눈물 뚝뚝
이렇게 불붙어서
시
끌

—「내장산 단풍」 부분

앞의 시에서 화자는 그가 만난 한 자연 동굴을 탐방하던 기억을 되살려 '캄캄한 곳을 비집고 나아간다/ 붉은 빛을 띤 안개 속에/ 고즈넉한 쉼터 나타난다' 고 말한다. 이것은 단순히 동굴의 생태를 넘어, 어려움을 묵묵히 이기며 나아갈 때 '쉼터' 로 상징되는 휴식이 찾아온다는 의미를 환기한다. 다음 연에서는 '금방이라도 떨어질 것 같은 종유석' 과 '고통의 세월을 견디어 낸 사랑' 을 은유의 고리로 연결해 놓음으로써 무릇 사람살이라 그럴듯해 보여도 인고의 시간을 묵묵히 살아낸 덕분이라는 사유를 담지하고 있다.

뒤의 시에서는 '내장산 단풍' 을 제재로 삼고 있는데 남도의 산하를 아름답게 물들이는 이것을 단순히 눈요깃거리로 보지 않는 안목이 돋보인다. 즉 '북적이는 등산객/ 대퇴근의 수축과 이완/ 돌부리에 발끝 채이고/ 급경사다/ 활짝 펼쳐진 산그리메' 라고 언술함으로써, 아름다운 단풍이 드리운 그늘에 든다는 것은 돌부리로 상징되는 수행과 도전의 산물이라는 사유를 담아내고 있다. 따라서 여기서 등산객은 까치봉으로 상징되는 가파른 삶의 목표를 향해 나아가는 사람들의 제유로

읽힌다. 또한 화자는 단풍을 가리켜 '바라보면 눈물 뚝 뚝/ 이렇게 불붙어서/ 시/ 끌' 이라는 알레고리의 제시를 통해 아름다운 삶을 결실 맺기 위한 도정이 얼마나 험난한 열정의 산물인지를 절실하게 환기하고 있다.

가족, 험한 세상을 헤쳐가는 도반

이렇듯 이번 시집에서 박세영은 자연이 품고 있는 비밀을 그저 엿듣는 데서 벗어나 함께 참여함으로써, 자신의 삶의 철리로 삼는 경지에까지 이르렀음을 설득력 있게 보여주고 있다. 이같이 시를 통해 읽어들인 자연의 숨은 가르침을 인술을 베풀 때에도 어김없이 실천궁행해 가는 한편, 세상살이를 도모해 가는 데도 함께 하고 있음을 살펴볼 수 있다. 또한 그는 일련의 시편을 통해 그같이 바른 삶을 함께 펼쳐가는 도반으로서 가족들을 으뜸으로 꼽고 있음을 고백하고 있다.

흰 연기가 승무 춤사위를 한다
가스 불 위의 철판에 지글거리는 대여섯 개의 호떡
두 손 모아 입김을 불어가며 줄지어 기다린다

기도하는 듯

빨리 가자 보채는 낭군을 외면한 채
기름 위의 동그란 완벽

폭삭하게 대지를 감싼 은행잎이 어서 오라 환호한다
자유로이 춤추며 가만사뿐 내려앉아
한 잎 두 잎 포개져 점점 달구어가는 황홀

–「아내」 전문

위의 시 서두에서 화자는 '가스 불 위의 철판에 지글거리는 대여섯 개의 호떡'을 줄서서 기다릴 때 피어나는 연기를 승무로 은유하고 있다. 즉 단순히 음식을 기다리는 행위를 넘어 길거리 포장마차 호떡을 기다리는 것을 춤이라는 예술의 경지로 끌어올리고 있는 셈이다. 나아가 호떡이 '기름 위(에서) 동그란 완벽'을 이루도록 바라는 행위를 '기도'라고 표현함으로써 그것이 아름답게 결실 맺기를 바라는 마음을 불어넣고 있다. 화자는 이 시의 뒷부분에서 '폭삭하게 대지를 감싼 은행잎이 어서 오라 환호한다/ 자유로이 춤추며 가만사뿐 내려앉'는다고 묘사하고 있다. 이는 앞부분에 제시된 요리를 제재로 한 부분과는 사뭇 다르다. 부부가 함께 즐거운 야유회에 나선 것을 암시해 주는 한편, 나아가 '한 잎 두 잎 포개져 점점 달구어가는 황홀'이라고 결구함으로써 사라의 도정을 함께 걷는 아내의 내조가 아름다운 결실을 맺게 된다는 믿음을 시로 옮겨놓고 있다.

잔잔한 피아노 선율에
고즈넉이 눈 감긴다

눈앞에 아른거리는 꽃
보금자리를 떠나기 전
군대 가듯 짐 싸던 모습
사내 같은 의지가 불타오른다
길을 찾아 나서는 어린 양
드넓은 벌판에서
부딪히고 넘어질지라도
꿈에 더 가까이 다가설 수 있으리라

–「희망의 꽃–딸에게」 부분

잠잠하던 바람이 거세다
폭풍우에 떠밀려가듯
흔들리는 나비떼
꽃 속에 파묻힌다
여린 연둣빛 풀잎은
바스스 떨고
새둥우리 속의 산새들
주둥이만 내민 채 지저귄다

세찬 바람의 등쌀에
돌길 위로 널브러진 솔방울
잘려나간 바람난 나뭇가지
쓰러진 고목 옆에서도
새 생명이 돋는다
거친 회오리바람에도
부여잡은
생명의 끈

–「바람에도」 부분

앞의 시는 부제가 암시하듯 시인의 딸에게 건네는 사랑의 메시지이다. 화자는 어린 딸을 가리켜 '보금자리를 떠나기 전/ 군대 가듯 짐 싸던 모습/ 사내 같은 의지가 불타오른다' 라고 언술함으로써, 여리고 꽃 같은 존재를 넘어 당당하게 홀로 서기를 격려하고 있다. 나아가 '드넓은 벌판에서/ 부딪히고 넘어질지라도/ 꿈에 더 가까이 다가설 수 있으리라/ 자신과의 싸움에서 승리하리라' 라고 결구함으로써 어려움에 굴복하지 않고 기꺼이 맞서는 용기야말로 바른 삶을 열어가는 길이라는 메시지를 대신하고 있다.

뒤에 든 작품은 무등산을 둘러싼 바람과 생명체들을 제재로 삼고 있다. 화자는 '폭풍우에 떠밀려가듯/ 흔들리는 나비떼', '여린 연둣빛 풀잎', '바스스 떨고 (있는) 새둥우리 속의 산새들', '잘려나간 바람난 나뭇가지' 등 폭풍우의 위력 앞에 놓인 연약한 생명체들을 뫼비우스의 띠처럼 제시하고 있다. 하지만 화자는 결코 그것들이 힘없이 쓰러지지는 않는다고 말한다. 즉, '쓰러진 고목 옆에서도/ 새 생명이 돋는다/ 거친 회오리바람에도/ 부여잡은/ 생명의 끈' 이라고 언술함으로써 무등산이라는 커다란 존재는 그것들을 넉넉한 생명의 길로 인도할 것이라는 사유를 펼치고 있다. 이것은 삶의 굽이굽이에서 부딪치는 갖가지 어려움에도 불구하고 아름다운 결실을 맺어가는 가속의 넉넉한 생명력에 대한 알레고리에 다름 아니다.

이제까지 박세영의 첫 시집이 담고 있는 세계에 대해 살펴보았다. 그는 오랫동안 광주에서 인술을 베풀고 있는 사람이지만, 과학적 논리를 추구하는 의학도라고만은 볼 수 없이 자연을 사랑하고 있음을 여실하게 보여주었다. 하지만 그가 시의 공간으로 삼고 있는 자연은 은일이거나 무위의 대상이 아니라, 긴 겨울의 신난을 딛고 꽃을 피우듯 삶의 철리를 명징하게 보여주는 삶의 거울로 설정되어 있음을 살펴볼 수 있었다.

이번 시집을 통해 박세영이 집요하게 관심을 기울이고 있는 것 가운데 하나는 인술(仁術)과 시를 접목한 일련의 작품들이다. 그는 오랫동안 내과 전문의로서 인술을 베풀어왔고, 그를 통해서 삶의 바른 길을 모색해 오는 한편 시적 사유를 견인해 왔음을 이번 시집을 통해 절실하게 보여주고 있다. 박세영은 의사로서 살아가지만 유한한 인간의 생명을 자각하고 자연의 섭리에 따라 살아가야 한다는 사유를 펼치고 있다. 나아가 모름지기 사람살이에서는 제 눈앞의 이익에 눈 멀지 말고 함께 살아가야 한다는 마음가짐을 가질 때 인간은 유한한 생명의 굴레에서 벗어나 아름다운 생명을 꽃피울 수 있다는 사유를 펼치고 있다.

또한 그는 일련의 시편을 통해 그같이 바른 삶을 함께 펼쳐가는 도반으로서 가족들을 으뜸으로 꼽고 있음을 고백하고 있다. 수고로움을 마다않으며 함께 삶의 길을 지켜주는 아내의 내조를 가리켜 세상에서 가장 아름다운 예술로 보고, 어려움을 묵묵히 헤쳐가는 딸을 지긋이 지켜보며 격려의 메시지를 더한다. 삶의 굽이굽이에서 부딪치는 갖가지 어려움에도 불구하고 아름다운 결실을 맺어가는 가족의 넉넉한 생명력에 주목하고 있다.

일련의 시편을 통해 박세영은 그의 삶의 공간에 경전처럼 자리잡은 자연을 그의 시를 풍성하게 해주는 반려이자, 바른 삶의 길을 제시하는 도반으로 각인시키고 있다. 이 같은 시적 사유는 개인적으로 자연을 새롭게 들여다볼 수 있는 시각을 독자들에게 선물한다. 그가 이번의 성과에서 벗어나 시적 사유를 더욱 깊게 하는 데서 나아가 우리 시를 더욱 풍부하게 해주기 바라면서 작은 논의를 마친다.